Tomás Francisco Martínez Baldares

Wiki Cities. Ciudades Colaborativas

Tomás Francisco Martínez Baldares

Wiki Cities. Ciudades Colaborativas

Editorial Redactum

Imprint
Any brand names and product names mentioned in this book are subject to trademark, brand or patent protection and are trademarks or registered trademarks of their respective holders. The use of brand names, product names, common names, trade names, product descriptions etc. even without a particular marking in this work is in no way to be construed to mean that such names may be regarded as unrestricted in respect of trademark and brand protection legislation and could thus be used by anyone.

Cover image: www.ingimage.com

Publisher:
Éditions universitaires européennes
is a trademark of
International Book Market Service Ltd., member of OmniScriptum Publishing Group
17 Meldrum Street, Beau Bassin 71504, Mauritius

Printed at: see last page
ISBN: 978-620-2-48519-7

WIKI CITIES. UN NUEVO MODELO DE CIUDADADES COLABORATIVAS

TABLA DE CONTENIDO

DEDICATORIA

A todos mis alumnos de ayer de hoy y de mañana por quienes he dedicado mis esfuerzos de escribir este libro. Algunos ya transforman la ciudad, otros son mis compañeros y colegas y otros vienen de camino para sumarnos al esfuerzo de heredar mejores ciudades.

A mis padres y mi hermana, mi esposa Adriana, mi familia y al Pilar de nuestro hogar...

PRESENTACIÓN

Los procesos e influencias que presionan el desarrollo de nuestras ciudades como la globalización, las nuevas tecnologías de infotelecomunicaciones, las migraciones, la estandarización de esquemas de ocupación del territorio, el acelerado desarrollo inmobiliario, la suburbanización, entre otras, han interactuado dentro de procesos de conurbación impulsando ciudades regionales con continuidad física pero con fragmentación urbana y con crisis de identidad. Esto amerita una nueva lectura de las posibilidades de reconstruir los valores esenciales de la ciudad el sentido de comunidad, los espacios públicos y el disfrute del paisaje urbano en el contexto de nuestros tiempos y de sus influencias tecnológicas.

Se reseñan las herramientas y escalas de planificación urbano territorial para confrontarlas con los procesos de fragmentación urbana que es uno de los aspectos más relevantes en la morfología de las ciudades contemporáneas, se analizan nuevas manifestaciones urbanas y se plantea la crisis de identidad que implica la adopción de esquemas estandarizados.

Como una respuesta a esta fragmentación en donde la búsqueda del interés individual va impactando en un efecto acumulativo insostenible y a la dificultad de acceder a usos y servicios bajo los estándares tradicionales en una ciudad que se expande de manera difusa y donde la gobernabilidad se hace compleja surge las economías y procesos colaborativos en donde la mediación de la tecnología juega un papel determinante para consolidar estos procesos. Se identifican las posibilidades de aprovechar los recursos existentes para recuperar los valores esenciales del ser humano como ser colectivo.

Se plantea finalmente las consideraciones básicas para impulsar un modelo de desarrollo urbano territorial que potencie el valor y la fuerza de los aportes colaborativos ciudadanos y que sea una forma de responder a los requerimientos dinámicos globales de nuestra época en donde las influencias se transmiten en tiempo real por las redes sociales y los dispositivos móviles. Actualmente los estudiantes on line en Estados Unidos supera a los presenciales y las tasas de urbanización son exponenciales en el mundo y para el 2030 se proyecta un 60% de población urbana.

Las nuevas tecnologías pueden sumergirnos en la individualidad, pero también nos pueden conducir a recuperar valores básicos del pasado a compartir a intercambiar, a compartir esfuerzos e iniciativas con alguien que no conozco personalmente y hacer trueques. Recuperar algunos instintos primates que hicieron surgir las civilizaciones como: compartir, reutilizar y cooperar. Nuestras ciudades de hoy en día necesitan de esos principios.

La utilización de nuevas tecnologías disminuye el costo de gestión y facilita el desarrollo de nuevos emprendimientos y proyectos colectivos en las ciudades. Es así como el libro concluye presentando dos aspectos fundamentales de esta teoría: los sistemas de monitoreo para verificar si ese anhelo se convierte en un impacto efectivo y medible y el proyecto urbano como espacio concreto para materializar los aportes de los ciudadanos.

“Desgraciadamente, si las ciudades las construyéramos sólo los arquitectos no serían lo que son. Las ciudades la construyen sus habitantes, porque todos con nuestra presencia hacemos ciudad”

Emilio Soyer Nash.

1. INTRODUCCIÓN

Desde su aparición cerca del año 3000 a.c. las ciudades han conformado el centro de las actividades claves de la sociedad: el mercado, los tribunales, el templo. Pero es desde la época de las metrópolis mágicas en tiempo de Alejandro Magno (Alejandría y Halicarnasos) alrededor del año 350 a.c. cuando las ciudades empezaron a maravillar al mundo. En esos tiempos éstas eran unidades compactas con centralidades claramente definidas y con actividades públicas de encuentro como su esencia.

Los griegos sentaron las bases de la ciudad occidental y su construcción como representación de un orden social haciendo de las ceremonias públicas un elemento fundamental con el ágora, gimnasio, teatro, estadio. Posteriormente Roma establece sobre estas bases las ideas sustanciales de la praxis política, social y urbana de occidente expandiendo las ciudades por Europa gracias a la expansión militar del imperio en tiempo de Augusto. Estos principios se establecieron en Europa y viajaron siglos después a América a través de las Leyes de Indias para dar forma a las ciudades compactas, homogéneas, funcionalmente claras y centralizadas de la época de la colonia en América. Ciudades fundadas bajo esos principios unificadores como proyectos homogéneos claramente controlados.

Los cambios acelerados y abruptos se presentan hasta el siglo XVIII. A partir de este momento la relación campo-ciudad empieza a redefinirse teniendo una enorme incidencia los descubrimientos como el aumento de la velocidad en la producción en la Revolución Industrial lo cual dispara el crecimiento en la ciudad y despobló los campos. Posteriormente en el siglo XX el automóvil como bien de consumo masivo es el otro detonante de la expansión de la ciudad y un elemento que viene a alterar la proporción, escala y sentido de la misma.

El último desafío de las ciudades son las tecnologías de infotelecomunicaciones que implican relaciones espaciales y territoriales diferentes en donde se da valor y primacía a los flujos de información, mercancías y personas sobre las condiciones de encuentro e interacción social.

La posibilidad de eliminar la presencia física para acceder a servicios que antes requerían presencia y movilidad motivo a muchos en predecir el final de la vida social o pública en la ciudad. William Mitchell crea su libro City of Bits (1995) traducido al español como ciberciudad y en él se menciona la polarización de posiciones respecto a la influencia de las nuevas tecnologías. Por un lado el paso a un control de cada uno de los habitantes por parte de los llamados Tecnófobos y la pérdida de importancia de los espacios físicos urbanos y por otra parte los tecnófilos que ven en estos recursos una posibilidad de dar un espacio práctico a la materialización de la democracia el retorno a la sostenibilidad y la comunidad en un medio donde la información esta disponible para todos. Esta posición optimista y liberadora es la que defiende el autor en donde se construye un espacio de equidad y donde la posibilidad de superar barreras de la ciudad industrial está a la mano.

Mas de veinte años después de esa interesante proyección que realizo Mitchell sobre el impacto de las cibertecnologías se ha puesto de manifiesto una realidad intermedia entre los dos extremos en donde las redes sociales y las aplicaciones para dispositivos móviles inteligentes han empezado a hacer sentir su impacto en la definición de elecciones presidenciales, en la construcción de grupos de presión y en el desarrollo de nuevos formatos de servicios basados en las economías colaborativas.

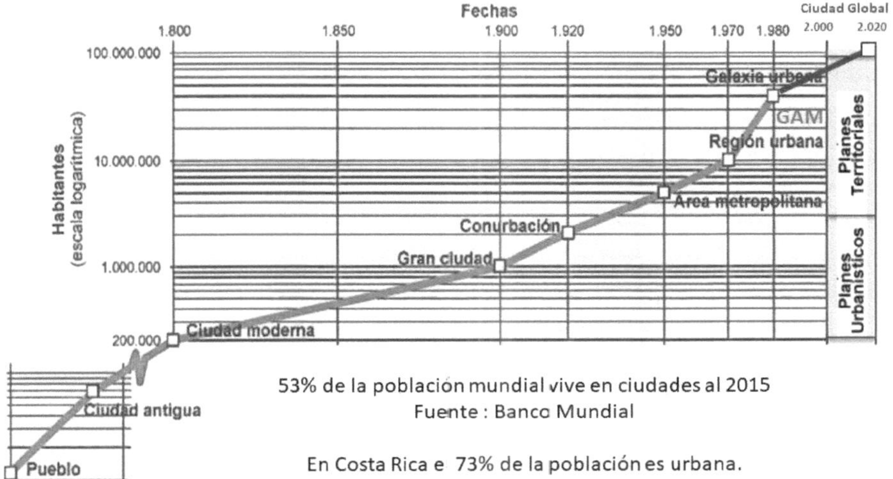

Proceso de urbanización y proyección de crecimiento. Fuente: Elaboración propia a partir de gráfico de la "Propuesta para el Área Metropolitana de Barcelona para el año 2026 " Instituto de Estudios Territoriales (IET) Generalitat de Catalunya 2002

Estos nuevos recursos tecnológicos contrastan con la evolución hacia un planeta con sociedades cada vez más urbanas y donde las proyecciones nos indican la construcción de una ciudad global donde viajar es cada vez más fácil y económico y donde los recursos tecnológicos reducen barreras en un contexto de creciente urbanización.

2. Escalas y herramientas de planificación urbana territorial

Este capítulo presenta los conceptos y escalas del planeamiento territorial y urbanístico como una primer marco de referencia para confrontarlo con las transformaciones urbanas actuales con los nuevos modelos colaborativos de desarrollo urbano. Aunque se basa en la condición del marco jurídico y normativo costarricense los conceptos y las escalas son válidas en la mayoría de contextos iberoamericanos y nos permiten entender como estas referencias normativas de escala y estructura administrativa se conectan con las nuevas posibilidades de construcción colaborativa.

Ordenamiento Territorial Plan Ordenamiento Territorial Nacional o regional

Corresponde al Estado.

Acciones: Visión General Territorial Nacional y Ordenamiento Regional Infraestructura Servicios Controles (ambientales) Legal/ Administratorio Planes Sectoriales / Energía, Transportes, Vivienda, Salud, Turismo, Otros PND / Administración de Turno.

Directrices y rangos orientadores generales. Indicativa y normativa

Escalas: 1:100.000 a 1:25.000

Es la herramienta utilizada para regular el uso actual y futuro del suelo. Es parte y no el único componente, del desarrollo urbano (que incluye además un plan de políticas de desarrollo y una estrategia de desarrollo). Tradicionalmente el ordenamiento territorial incluye propuestas a largo plazo sobre el patrón de crecimiento y usos comerciales industriales, servicios, habitacionales, áreas verdes, áreas públicas y sistemas viales.

Actualmente incluyen procesos ambientales, agrícolas y forestales, así como usos mixtos. Adicionalmente el ordenamiento territorial puede también incluir un análisis proactivo sobre la ubicación y patrones de crecimiento futuro, zonas de protección y mitigación. Dentro de un ordenamiento territorial proactivo, se pueden incluir áreas de incentivos y limitantes al crecimiento.

Planificación regional Plan Regional Urbano (Territorial) GAM
Proceso de Planificación Regional (ie.: Plan GAM) Eje Interoceánico Central (Region Central, Pacifico Central y Huetar Atlántica), Región Chorotega, Región Huetar Norte. Región Brunca
Escalas 1:25.000 a 1:10.000

Es el proceso continuo e integral de análisis y formulación de planes estructurados, mapeados y en etapas lógicas, comunes y concatenadas destinados a la toma de decisiones acerca de cómo llegar a una meta u objetivo deseados dentro de un ámbito y colectividad urbano – regional.

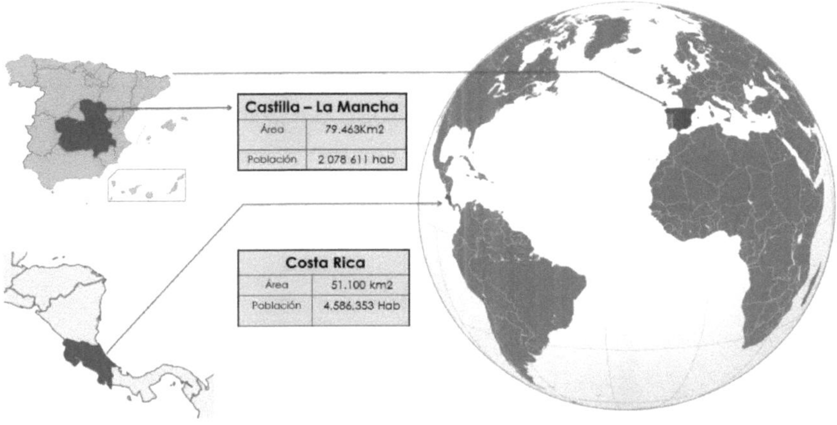

La escala de la región es relativa de acuerdo a la extensión territorial del país. Una región en España es el equivalente al territorio nacional de Costa Rica. Fuente: elaboración propia a partir de gráficos de Wikipedia.

Planificación subregional. Planes subregionales.

Corresponde a federaciones municipales.

Acciones: Acuerdos, y directrices para desarrollo de acciones de interés intercantonal

Escalas: 1:10.000

Esta escala permite solventar los requerimientos comunes y las necesidades de dos o más municipalidades uniendo esfuerzos y siguiendo un mismo esquema o propuesta de planificación.

Planificación local. Plan Regulador de un cantón. Plan regulador Urbano y Costero Plan Desarrollo Local.

Escalas 1:10.000 a 1:2000

Corresponde al Municipio.

Manual Procedimientos para Planes Reguladores INVU

Acciones: Uso del suelo, Densidad, servicios municipales, Infraestructura municipal, índices de edificabilidad.

Clasificación y calificación detallada del suelo, densidades, alturas y coberturas.

Normativa: Usos pormenorizados del suelo, e índices de edificabilidad. Los reglamentos incluyen: Zonificación; fraccionamiento y urbanización; mapa oficial; renovación urbana; y construcciones.

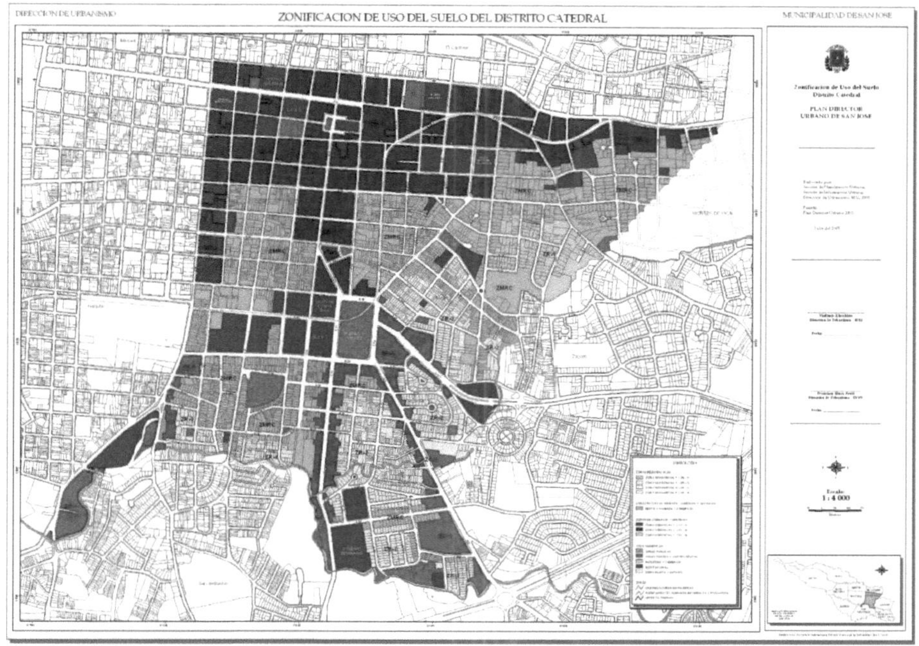

Plan Director Urbano de San José. Fuente: Municipalidad de San José

Planes Regulador Costero / Ley Marítimo Terrestre

Escalas 1:10.000 a 1:2000

Corresponde al municipio con la participación del Instituto Costarricense de turismo supervisar el cumplimiento de los lineamientos expuestos en la Ley Zona MarítimoTerrestre, así como les corresponde el usufructo por concesiones en la franja costera y administración de la zona marítimo terrestre.

Planes parciales de cabeceras urbanas : Planes reguladores parciales

Corresponde al Municipio

Acciones: regulación del suelo, índices de edificabilidad de distritos parciales de un municipio.

busca el desarrollo unificado de las ciudades y de sus alrededores. Es la especialidad consistente en construir y disponer el asentamiento de los núcleos urbanos, atendiendo a la estética y la funcionalidad.

Escalas: 1:5000 a 1:2000

Plan de regularización y compatibilidad:

Comprende el desarrollo de planes tendientes a solventar la funcionalidad urbana de un sector afectado por la intromisión de usos conflictivos tal como es el caso de universidades en barrios residenciales, centros de oficinas, centros de comercio. Implica la solución al impacto en la vialidad, transporte, carga, ruido y espacios públicos.

Debe contener: Plan de impacto y ordenamiento vial, Generación y solución al volumen requerido de estacionamientos, Proyecciones de crecimiento físico, Plan de usos propuestos conformes, Plan de espacio público y accesibilidad, Plan de servicios de apoyo necesario.

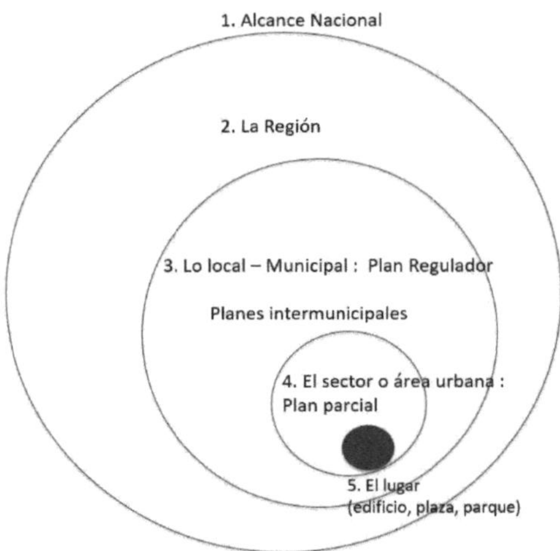

Relaciones territoriales entre escalas y planificación “en cascada”. Fuente: Elaboración Propia

Plan de implantación:

Es aplicable a nuevos desarrollos de importante magnitud en suelos urbanizables. Esta figura se aplica en las zonas libres dentro del perímetro urbano y en áreas de expansión para desarrollos residenciales incorporando áreas más grandes donde se concentra el crecimiento con el objeto de hacer una planificación integral del comercio, uso institucional y equipamiento colectivo.

Debe contener: Estudios de impacto vial, necesidades de estacionamiento, volumen de atracción de gente y los estudios requeridos para poder mitigar los impactos sobre un sector. Plan de espacio público y accesibilidad Plan de servicios de apoyo necesario

Plan de mejoramiento de barrios:

Intervención urbanística en zonas residencias de bajos recursos en condiciones de desarrollo espontáneo que son factibles de reconvertir en función de que se encuentran en suelos urbanos o urbanizables y son susceptibles de someterse a una regularización de propiedades y a una intervención en el espacio público y el equipamiento colectivo para consolidar su integración urbana.

Infraestructura de servicios requerido, Servicios sociales y equipamientos colectivos, Plan de participación de la comunidad local, Protección ambiental y prevención de riesgos naturales, Plan de tenencia o legalización de derechos, Integración y desarrollo social, Desarrollo comunitario, Espacio público e integración urbana.

Plan Proyecto de renovación urbana:

Áreas sujetas a condiciones de deterioro muy avanzado que ameritan un programa de sustitución inmobiliaria, recuperación de espacio público e inserción de usos, servicios y actividades que dinamicen la economía del lugar y fomenten una recuperación del espacio para la ciudad.

- Estudio de tenencia del suelo
- Delimitación de la intervención
- Espacio público e integración urbana
  - Plan de usos propuestos conformes
  - Plan de espacio público y accesibilidad
  - Servicios sociales y equipamientos colectivos
  - Plan de participación de la comunidad local

Plan de reubicación:

Asentamientos ubicados en áreas no urbanizables por su condición de riesgo o suelos no aptos que ameritan el programa de relocalización urbana.

- Inventario de viviendas y delimitación del área
- Análisis de necesidades de reubicación
- Disponibilidad de vivienda de reemplazo
- Plan de reubicación no residencial y equipamientos
- Plan de participación de la comunidad local
- Sistemas de agua y desagüe, levantamiento topográfico, lotización, apertura de calles, sistema de alumbrado publico

Centro Histórico de San José. Fuente: Proyecto de Fortalecimiento de la Gestión Pública Urbano Territorial TEC

Plan de zona histórica patrimonial:

Identificación de los conjuntos de bienes inmuebles cuya conservación estructural es necesaria para preservar determinadas tramas urbanas de elevada calidad o representatividad histórica. El objetivo principal es la protección de conjuntos integrados ubicados en una zona de protección especial de carácter histórico arquitectónico patrimonial. Estos conjuntos estarán configurados por los edificios, espacios libres y naturaleza integrada que los articulan, así como las funciones que en estos se desarrollan o que son compatibles para su mantenimiento sociocultural.

- Plan vial y de estacionamientos
- Zonificación de áreas residenciales de soporte, actividades culturales, de dotación y de interés turístico
- Vinculación y estimulo de inversión privada
- Programa de incentivos para el mantenimiento y conservación de los inmuebles y de sanciones para quien incumpla los lineamientos del plan en relación a bienes de interés cultural.

Plan de equipamiento:

Intervención concentrada en el espacio público y en solventar requerimientos de equipamiento social y colectivo.

- Inventario de situación actual
- Programa de necesidades
- Plan de participación de la comunidad local
- Proyección de cobertura en 10 años

Plan de zona industrial:

Readecuación funcional de sectores denominados como áreas industriales o zonas francas que por el crecimiento de la ciudad o las presiones generadas por el desarrollo urbano requieren una intervención para recuperar su funcionalidad e integración ágil con las principales infraestructuras de la ciudad y la conectividad regional.

- Infraestructura de servicios requerido
- Servicios sociales y equipamientos colectivos
- Plan de participación de la comunidad local
- Protección ambiental y prevención de riesgos naturales
- Plan de tenencia o legalización de derechos
- Integración y desarrollo social
- Desarrollo comunitario
- Espacio público e integración urbana

Plan de Regeneración Urbana:

Áreas sujetas a condiciones de deterioro muy avanzado en las cuales se encuentra una cantidad de pobladores importantes, pero que ameritan un programa de sustitución inmobiliaria, recuperación de espacio público e inserción de usos, servicios y actividades que dinamicen la economía del lugar y fomenten una recuperación del espacio para la ciudad, tratando de negociar con sus pobladores las condiciones de su reintegración espacial y social.

- Plan de impacto y ordenamiento vial
- Generación y solución al volumen requerido de estacionamientos
- Proyecciones de crecimiento físico
- Plan de usos propuestos conformes
- Plan de espacio público y accesibilidad
- Plan de servicios de apoyo necesario

Plan parcial

Los procesos particulares de conformación periurbana, **expansión, consolidación y densificación** constituyen distintas fases de un proceso único de crecimiento. Si se entiende por **expansión urbana** a la transformación del territorio rural en territorio urbano a través de subdivisiones tanto catastrales como *de hecho*, el fraccionamiento sería el primer acto en la generación de suelo urbano que, sin embargo, es insuficiente para la reproducción de la complejidad que presupone la vida de la ciudad. En ese sentido, se requiere de ciertos niveles de **consolidación** tanto en términos físicos (estándares mínimos de infraestructura de servicios y una red vial integrada), como de aquellos aspectos vinculados a la construcción con significado social. Por otra parte, estos procesos adquieren relevancia en un contexto que cuestiona el límite físico de lo urbano respecto de la forma de utilización de sus recursos, las consecuencias en los costos de urbanización, en el avance sobre el territorio productivo y en la eficiencia del funcionamiento del sistema urbano en conjunto.

Se requiere una identificación de los terrenos estatales disponibles en los cantones del GAM de tal forma que se estudie la posibilidad de implementar un esquema de banco de tierras y reserva territorial que permita evitar la ocupación ilegal del territorio y planificar con antelación los territorios circundantes a los centros urbanos de tal forma que cuando la presión del crecimiento lo requiera se pueda hacer uso de ellos en forma racional y eficiente. Este esquema ya existió en el pasado, pero su ampliación no se hizo, por el contrario, la reserva de tierra se han ido agotando.

Para tal efecto se necesita analizar esquemas para producir vivienda masiva en suelo urbanizado y suelo urbanizable bajo el modelo de alta densidad mediana baja altura. Este esquema puede prever el manejo de las tierras aptas para la urbanización para desarrollar procesos planeados donde el asentamiento ocurra con posterioridad a la acción pública y así evitar la ocupación irregular. Independientemente de su tenencia podría estudiarse la adquisición de terrenos "clave" por parte de las municipalidades o la asociación con los propietarios de los terrenos, desarrolladores y grupos sociales.

Aplicación territorial

No pueden presentarse planes parciales sin la existencia de un plan regulador general y la concordancia con el Plan GAM y es necesario al aplicar un plan parcial:

Delimitación del área a planificar el cual se aplica solamente en el suelo catalogado como urbanizable tanto en el Plan Regulador como en el plan GAM 2013-2030

Determinar los usos detallados y las tipologías edificatorias- El plan debe ser preciso en cuanto al resultado de cada manzana o porción edificable

Casos en que se deben formular planes parciales:

- Cuando se quiera incluir un área que está por fuera del perímetro de la ciudad (expansión)

- Para áreas en tratamiento de desarrollo, con un área mayor a 10 hectáreas de área neta
- Para áreas en tratamiento de renovación.

Diseño Urbano Diseño e intervención en un sector urbano

Permite proyectar la composición de áreas urbanas basado con especial énfasis en el componente arquitectónico y de diseño de los proyectos físicos. Se considera como un puente entre la arquitectura y el urbanismo.

Acciones: Ejes peatonales, proyectos residenciales, espacio público, equipamiento colectivo.

Escala: 1:1000 a 1:500

Centro Histórico de San José. Fuente: Proyecto de Fortalecimiento de la Gestión Pública Urbano Territorial TEC

Gran proyecto urbano GPU (Arquitectura urbana) Se caracterizan por generar Impactos socio territoriales mas allá de su entorno inmediato, poseer un carácter complejo (programa de usos diverso). Requiere atención en su inserción en la planificación urbana local, incorporar muchas veces componentes públicos

Arquitectura Desarrollo de proyectos en contextos regulados. Escalas 1:500 a 1:100

Arquitectura urbana: proyectos orientados a la restructuración de los espacios de la ciudad, espacios perdidos, intersticios, conectores urbanos.

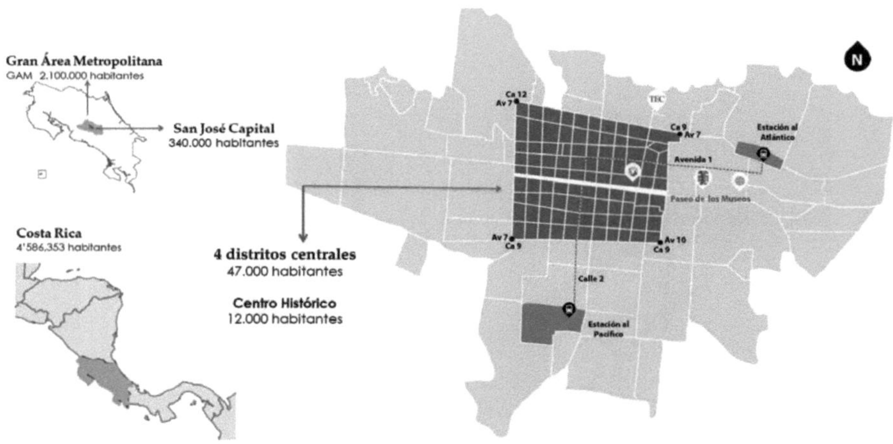

Correspondencia entre la propuesta territorial y una propuesta urbana local.". Fuente: Elaboración Propia

3. TRANSFORMACIONES URBANA

Se reconoce, entonces, que la sociedad actual es eminentemente urbana y coexiste con una población rural que adquiere hábitos urbanos y con un ambiente cada vez más frágil y progresivamente cada vez más deteriorado por los procesos de urbanización. Actualmente el planeta tiene cerca de 6000 millones de habitantes y el mayor índice de crecimiento se presenta en las ciudades. Mientras en 1950 el 29% de la población era urbana, en este momento el porcentaje es cercano al 50 % y hacia 2030 podría ser superior al 60% ,es decir, un mundo que determina su futuro en las aglomeraciones y en donde uno de cada tres habitantes vive en la ciudad.

Una de los efectos que presentan nuestras ciudades latinoamericana y no es la excepción en Costa Rica, mayormente en la Gran Área Metropolitana (GAM) y también gradualmente en el resto del país, fruto de los procesos de desarrollo, y las influencias locales e internacionales, es la fragmentación. Esta no se presenta repentinamente en la ciudad. Existen fuerzas o factores coyunturales que la han propagado dentro del tejido urbano con mayor intensidad y extensión. Pero en gran medida la superposición de numerosas y diversas tramas yuxtapuestas a lo largo del tiempo es lo que motiva que ese encuentro fracture el espacio y el tejido urbano homogéneo característico de su origen y sus fases iniciales de desarrollo.

Uno de los teóricos, que introdujo con fuerza en el mundo académico actual el tema de la fragmentación, es Colin Rowe (1981) con su libro Collage City. Rowe destaca la ruptura de las normas promulgadas por la modernidad ortodoxa y se concentra en la necesidad de exaltar el paisaje de la historia como fuente de una esencial carga de significación ideológica que requiere la ciudadanía como intercambio comunicacional. El libro plantea la fórmula para conformar ciudades sobre la base de fragmentos de ciudades históricas reconocidas, de tal forma que se entienda y se acepte el momento histórico y evolutivo actual cargado de dinámica y actividad.

La realidad actual refleja la pérdida del tradicional sistema urbano jerarquizado que da lugar a una serie de redes superpuestas a fragmentos unidos por tensiones o fuerzas urbanas. Esta realidad obliga a replantear la forma de aproximarse y estructurar la ciudad a partir de jerarquías territoriales, distancias físicas, centralidad y homogeneidad regional, así como la planificación urbana a escala macro. Y parecen presentarse como más acordes con la autoorganización y la intervención puntual que rompen con planes totalizadores que pretenden deducir linealmente los sucesos urbanos. El hecho de que la ciudad se construya sobre las ruinas de su pasado no significa que se interrumpa su proceso histórico, sino que hay la necesidad de darle forma a una estructura de relaciones ya no en el sentido tradicional bidimensional sino multidimensional que se autogenera y dentro del cual se hacen pequeñas intervenciones que aseguren su buen funcionamiento.

La teoría del "Fragmento y del Detalle" de Omar Calabrese surge del estudio de esta fuerte característica contemporánea de la disolución de la unidad y la morfología estructural que implica cada una de ellas. Los dos conceptos representan dos formas de relacionar la parte con el todo.

En el caso del detalle (tagliare) Calabrese señala el origen etimológico de la palabra con la noción de cortar en donde al ser un acto premeditado, racional por el que se excepcionaliza la parte dentro de un sistema y la reconstrucción de ésta en el todo implica un alto grado de certeza debido a la correspondencia de sus bordes. El fragmento contrariamente proviene de un concepto etimológico de romper (frangere), y esto implica que se relacione con lo roto, lo arbitrario, lo fortuito, lo irregular de carácter casual como cuando un vidrio cae al piso y se despedaza y la reconstrucción de cada fragmento en el todo es una hipótesis. Las líneas de frontera de los fragmentos están determinadas por fuerzas físicas que generan el "accidente". La estructura en fragmentos es, por lo tanto, inestable y no lineal, y las partes son tan importantes como las tensiones y los vacíos que se generan en la red de relaciones.

Pero no solo la ciudad se fragmenta el paisaje a nivel regional también sufre abruptas rupturas y discontinuidades como consecuencias de patrones de ocupación territorial rápidos y no regulados. El turismo costero, las grandes infraestructuras no estudiadas en su impacto, extensos desarrollos agrícolas, actividades mineras o extractivas y políticas erróneas de ordenamiento territorial pueden conllevar a serias heridas paisajísticas con pérdida de escala , identidad, ruptura del territorio, intrusión visual entre otros.

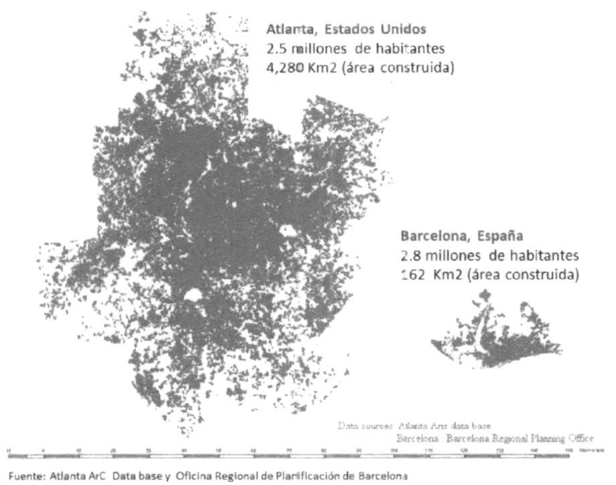

Fuente: Atlanta ArC Data base y Oficina Regional de Planificación de Barcelona

En el caso de la Gran Área Metropolitana de Costa Rica a partir de la mitad del siglo XX San José sigue densificándose y extendiendo su área urbana, y se aprecia una notable pérdida de la homogeneidad. La lectura misma de la ciudad es confusa, nuevos barrios se consolidan en el sur, surgen nuevos tugurios y las manzanas de la ciudad aumentan. Los habitantes de cantones vecinos, como Guadalupe, Zapote , Tibás, Curridabat, Escazú por razones como las laborales dependen del área central, pero San José se percibe entonces como un conjunto o unidad mayor. El desarrollo espontáneo y la forma de evadir la regulación son la regla, y el resultado es el inicio de un proceso de fragmentación con el desarrollo de nuevos centros independientes, y de diversas partes de la ciudad que no interactúan entre sí.

La Gran Área Metropolitana es definida como tal en 1982 y comprende un territorio de 1758 km2 de los cuales 260Km2 son áreas construidas, 580 Km2 áreas con potencial agrícola y cerca de un 47% del territorio corresponden a áreas de conservación y protección. Estas cifras nos indican que el patrimonio natural es todavía abundante y requiere de medidas de protección y dentro de este existen paisajes culturales que lo requieren de igual forma.

La GAM ejerce como el centro o corazón funcional dentro del Sistema Nacional de Ciudades por su peso económico, su control de flujos productivos y su localización central. Tres de las grandes ciudades del GAM como Heredia, Alajuela y Cartago han sido conurbadas por el crecimiento del GAM que manifiesta un sistema de transporte vial casi en su totalidad radial hacía San José que ejerce como centro físico. Hay un desarrollo creciente de nuevos desarrollos comerciales que buscan accesibilidad por automóvil y debilitan los centros tradicionales.

El crecimiento de la vivienda se ha dado sin considerar aspectos de sostenibilidad, ocasionando impactos negativos desde el punto de vista social, ambiental y económico. Las políticas de vivienda de interés social, basadas en cantidad y no en calidad, han generado mayor segregación social y urbana, así como pérdida de la calidad del entorno. El sector se caracteriza por la dispersión de los proyectos, desvinculación con la planificación y con las políticas sectoriales en materia de urbanismo, construcción en zonas no aptas para el uso residencial, surgimiento de asentimientos marginales, fuerte impacto y deterioro ambiental. Se produce el abandono de la vivienda urbana en los centros de ciudades y el deterioro de dichos centros sin ninguna política de regeneración o renovación urbana.

Hay que señalar además el surgimiento de una nueva morfología urbana y tipología arquitectónica que promueve en forma contundente la fragmentación. En primer término, el Centro Comercial, también conocido como "mall", los "oficentros" y el conjunto cerrado de viviendas o condominio. En todos los casos hablamos de un repliegue a lo privado y un abandono del espacio público. Estos esquemas reflejan la mentalidad fragmentaria del ciudadano en la ciudad. Entrar en un "mall" es adentrarse en una cápsula sin referencias contextuales que se fundamenta en la satisfacción de deseos consumistas y gustos estéticos predominantes en la actualidad, en donde no se hace parte de la ciudad ni se permiten referencias a ella. Este es, entonces, un paradigma del fragmento, ya que la referencia al "centro" urbano de la ciudad ya no existe, pues el "mall" pretende ser un centro por sí mismo. La ciudad ya no importa y su funcionalidad es a partir de un fragmento autónomo. Al exterior es una referencia para los ciudadanos.

En cuanto a los "condominios" cabe señalar que una idea surgida del Movimiento Moderno e incluso de la Ciudad Jardín tiene su aplicación en San José con la novedad del aislamiento y su carácter cerrado que rompe el contacto con la trama urbana e impide conformar ciudad. En este caso, se promociona incluso y se pregona el aislamiento y el hecho de confinar al citófono y el cable o la cámara de seguridad, la relación con el mundo, olvidándose de valores esenciales para la vida urbana como la calle, la plaza y el carácter de barrio que conforman comunidades sólidas y seres sociales. De esta forma la ciudad de San José continúa su dinámica expansiva bajo estas enormes influencias que determinan su actual y continua fragmentación espacial.

El GAM replica la problemática de varias ciudades a nivel mundial que presentan dinámicas de absorción de población y actividades. Las redes de comunicación y la economía y la gestión pública tienden a conectar todo lo que genera renta y tiene valor y desconectar todo lo que no crea ganancia. De esta forma las ciudades, empresas, personas y regiones que no generan ganancia pierden valor y son desconectados del sistema general ya que presentan más problemas que aportes económicos. De esta forma a mayor valor más carreteras, fibra óptica, obras físicas y a menor valor el aislamiento y la segregación aumenta.

Como cualquier organismo vivo la ciudad es un orden de sistemas que se ve afectado por el cambio y por los procesos propios del paso del tiempo. Es así como podemos decir que muchos de los problemas que cotidianamente vivimos en las ciudades de Costa Rica y especialmente del Gran Área Metropolitana son consecuencia no solo de falta de planificación sino de una planificación dinámica, efectiva, aplicable y que apunte a tratar específicamente estos problemas cíclicos de las ciudades o enfermedades urbanas.

La planificación tradicional de zonificación de usos de suelo y definición de densidades e índices de ocupación deja de lado aspectos que requieren una propuesta específica respecto a problemáticas que también son específicas y que pueden suscitarse en el transcurso del paso de los años. Es decir que la ciudad no es una fotografía estática sino que con el impulso de los procesos de globalización esta sometida a cambios que muchas veces van más rápido que los mismas previsiones de la planificación.

El panorama energético del país tiene como mayor factor de consumo el transporte que representa el 66% del consumo de hidrocarburos y el 54% de las emisiones de co2, esto implica un enorme impacto en contaminación, accidentalidad, externalidades negativas y des economías urbanas. El factor de causa raíz de esto es la desagregación funcional de usos, servicios, equipamiento y núcleos laborales de los lugares de residencia que hace forzoso recurrir a desplazamientos motorizados a una amplia gama de servicios que no deberían separarse funcionalmente.

La adopción de la metodología de planificación de Centralidades Densas Integrales CDI, basadas en el nuevo Plan de la GAM 2013-2030, aprobado oficialmente en abril del 2014, permite con herramientas informáticas de fácil acceso en sistemas SIG lograr articular y promover la inserción de los faltantes y la correcta localización de equipamientos públicos. En la GAM el 25% de las personas tarda mas de 2 horas al día en llegar a su destino y el porcentaje de ingreso familiar destinado al transporte crece. El resultado y el impacto de este tema se reflejan en dos ámbitos 1. Reducir la huella de carbono, 2. Reducir el consumo de energía 3. Liberar espacio público.

Patologías urbanas

Es por esto que, haciendo una analogía médica, antes que una enfermedad pueda ser curada esta debe ser reconocida y claramente diagnosticada.

Solo de esta forma puede prescribirse un tratamiento verdaderamente efectivo. Los males más comunes de las ciudades y área metropolitanas son síntomas inequívocos del debilitamiento de condiciones específicas que requieren urgente corrección.

A efectos de demostrar la necesidad de aplicar de forma acertada los tratamiento urbano y de ampliar las posibilidades de intervención más allá de la renovación urbana se mencionan a continuación algunas de estas enfermedades urbanas que por sus características diferenciadas requieren igualmente acciones muy específicas de intervención:

Expansión espontánea: Asentamientos localizados y en proceso de crecimiento que son resultado de la aleatoriedad, facilidad de ocupación y construcción sin ningún tipo de criterio técnico ni sujeto a los lineamientos de herramientas de planificación como el Plan Regulador. Estos procesos van haciendo más compleja la posibilidad de estructurar la ciudad.

Obsolescencia urbana: Deterioro progresivo de algún barrio o sector de la ciudad a niveles irrecuperables a causa de cambios en el uso de suelo, tercerización y degradación de las condiciones físicas de las edificaciones y el entorno.

Centro de San José Calle 2. Foto: fuente propia

Pérdida del especio público:

Ocupación de espacios para el peatón o el uso colectivo por parte de automóviles, extensión irregular de la propiedad privada, ventas informales o cualquier otro elemento que atente contra el uso libre y cómodo del espacio público.

Invasión del automóvil:

La sustitución de propiedades y de edificaciones por áreas de estacionamiento son un síntoma del crecimiento del uso comercial y de servicios en sectores que mantenían un uso residencial predominante. Este tipo de usos demandan una atracción especial de automóviles y para suplir sus necesidades se va fracturando la consistencia y continuidad de la trama urbana a través de esta serie de vacíos que van reduciendo la posibilidad de control social y vigilancia natural que ejerce el uso residencial aumentando la vulnerabilidad a eventos de inseguridad.

Precariedad:

asentamientos informales de ocupación ilegal con muy bajos niveles de calidad constructiva, de condiciones urbanas y de uso público.

Monotonía:

La construcción de edificaciones continuas, repetitivas, de formas y proporciones continuas en sectores de extensión media y alta va generando un efecto de hastío, anonimato y pérdida de identidad al presentarse un efecto tipo laberinto en donde las posibilidades de comunidad y cohesión social se ven afectadas.

Fragmentación urbana:

es un proceso gradual de partición aleatoria de la trama urbana continua de la ciudad por factores como el desarrollo de suburbios, urbanizaciones y especialmente condominios que no se integran a la red vial o a la estructura de división de manzanas de la ciudad sino que generan desarrollos aislados encerrados entre muros, sin cesión de áreas públicas que permitan transiciones y conexiones urbanas, sin facilidades peatonales, sin vías alternas de circulación o vinculación a la trama y con una sola salida de automóviles a la vía principal que va aumentando su saturación. Estos procesos unidos a áreas intersticiales no vinculadas a la ciudad. bordes de ríos, grandes ejes viales, servidumbres entre otros van dificultando la posibilidades de integración urbana.

Habiendo hecho una reseña de algunas de las enfermedades urbanas más comunes podemos entonces mencionar algunos de los tratamientos que ha venido desarrollando el urbanismo y el diseño urbano en años recientes para tratar dichos males acelerados años después de la ciudad moderno en la segunda mitad del siglo XX.

Hiperconsumo

Ciudad o barrios se consumen, se desechan, se agotan y empieza se cero ampliando la ciudad.

Centro de San José ---Los Yoses --- Escazú--- Ciudad Colón – La Guacima

Edificio abandonado en Calle 2 San José. Fuente: Propia

Miniciudades

El nuevo urbanismo en los 80s-90s empezó a plantear los riesgos de estas mini ciudades y ya en 1998 en Seaside se grabó la película The Truman show en donde Jim Carey interpresa a un trabajador que desde su nacimiento vive y desarrolla su vida en un idílico escenario creado por una cadena de televisión para una serie de larga duración. Esta película mostró los peligros que se ocultan tras los felices paraísos de las miniciudades, fomento de artificialidad, imperio de la estética, aislamiento de la gran ciudad y restricciones de las libertades personales.

Otro ejemplo de esto es Celebration una pequeña ciudad ubicada a pocos kilómetros de Orlando promovida por Disney corporación que es un parque temático residencial donde a través de un estricto control estético se ha recreado un tradicional pueblo norteamericano estilo "conquista d ela frontera". Sobre 2000 has construyeron 8000 viviendas para 20.000 habitantes y allí hay paseos, plazoletas, cines, bancos, tiendas, restaurantes, un templo presbiteriano, una sinagoga, dos campos de golf y juegos infantiles, con planos desarrollados por Harvard University. Y edificios diseñados por Philip Johnson, Robert Venturi, Michael graves, Aldo Rossi.

Nos queda la reflexión de que la ciudad es un sistema complejo y como tal todas las partes deben tener un funcionamiento reciproco y complementario, debería procurar heterogeneidad social equidad, conectividad, accesibilidad y sostenibilidad. Las metrópolis exitosas funcionan como una red de núcleos semiautónomos, heterogenos y vinculados y complementados entre si. Esto es difícil de lograr pero es la meta y el objetivo.

Fuente: Celebration Towncenter.

4. RECUPERAR LA CIUDAD PERDIDA

El desarrollo urbano de los últimos 50 años ha sido muy criticado. Existe el sentimiento universal de que la ciudad sociable, con sus vecindarios unidos, sus talleres, bares, tiendas, mercados y centros culturales, se han sacrificado por un paisaje anónimo de edificaciones, centros comerciales y suburbios en expansión. Las ciudades crecen hacia afuera, perdiendo su sentido fundamental de cohesión social.

Las urbanizaciones, condominios horizontales y la movilización por vehículo privado se han impuesto sobre las tierras agrícolas. La ineficiencia energética de este crecimiento de baja densidad es difícil de aceptar en un mundo amenazado por el calentamiento global y por la reducción de los combustibles fósiles.

El costo de llevar la infraestructura de servicios básicos hacía la periferia es muy alto y en conjunto los costos de ese patrón de crecimiento se traducen en comunidades segregadas, paisajes depresivos., e enfermedades por contaminación, cambios de clima y tal vez el aspecto que más hace reaccionar a los gobiernos y sectores de poder la ineficiencia económica

Lograr ciudades compactas con buenos estándares de calidad de vida implica mucho más que edificar en densidades mayores, contempla también una serie de consideraciones paralelas que en conjunto permiten obtener la ciudad deseable como por ejemplo:

- Establecer facilidades peatonales
- Limitar las entradas vehiculares a los centros de la ciudad y generar alternativas amigables con el ambiente.
- Sistema de transporte masivo eficientes.
- Edificaciones de uso mixto con vínculos de proximidad y cultura.
- Valoración y reciclaje del patrimonio arquitectónico que brinde identidad a la ciudad.
- Espacios verdes, senderos, parques y bosques que actúen como pulmones y delimiten los barrios y límites periféricos.
- Acercar los desarrollos residenciales a las estaciones de transporte público. En distancias caminables.

Berlín. Fuente : Propia

Las políticas de vivienda promueven en muchas ocasiones la expansión ya que limitan a los grupos de bajos recursos a permanecer en el centro, en viviendas deterioradas mientras que se crean incentivos para la gente de mediano y altos recursos a comprar vivienda en los suburbios. De esta forma se forma un proceso en cadena en donde la ciudad se fragmenta, los vehículos congestionan las carreteras y las personas necesitadas de trabajo no tienen accesibilidad.

El esquema de planificación urbana y territorial debería lograr una separación entre la infraestructura regional o nacional estructurante para el nivel nacional y el uso del suelo, el fraccionamiento y el mejoramiento de espacio público a nivel local. La aplicación puede facilitarse en función de pocos pero claros planes concordantes y recíprocos entre los niveles de actuación del estado.

La ciudad perdida es aquella llena de vida, de actividad, de habitantes, de relaciones que por el devenir de los ciclos vitales y arrastrado por nuevas dinámicas y enfoques económicos perdió su razón original, su razón vital sustituyéndolo por un sentido meramente funcional.

USO	CANTIDAD	PORCENTAJE
RESIDENCIAL	14	16.09%
MIXTO	5	5.75%
MIXTO (COMERCIAL/PARQUEO)	1	1.15%
COMERCIAL	45	51.72%
HOTEL	4	4.60%
INSTITUCIONAL	3	3.45%
PARQUES	2	2.30%
PARQUEOS	7	8.05%
ABANDONADO	6	6.90%
TOTAL	87	100.00%

San José llegó a albergar en 1963 101.000 habitantes en sus cuatro distritos centrales. Las necesidades de desplazamiento motorizados eran reducidos tomando en cuenta que los centros de actividad laboral y comercial estaban en el mismo rango de alcance peatonal de su lugar de habitación. Todos los ministerios, los poderes e instituciones públicas, municipalidad, y centro sede actividad comercial estaban en los cuatro distritos centrales.

Calle 2 San José. Fuente: Proyecto de Fortalecimiento de la Gestión Pública Urbano Territorial TEC.

El deterioro de los centros urbanos responde a la formación de un círculo vicioso que parte de la falta de coordinación entre actores o agentes de intervención urbana: sector privado, municipio, Gobierno Central, ciudadanía. De tal forma que nuevos modelos de desarrollo basado en nuevos núcleos comerciales periféricos, condominios horizontales y accesibilidad por automóvil empiezan a impulsar vacíos o fugas de inversión y de habitantes que se va acelerando en su proceso siguiendo un "comportamiento rebaño".

La extensión de este modelo de ciudad difusa y expandida ha generado una autentica crisis de sostenibilidad urbana y de calidad de vida de sus habitantes en los que se dedica hasta una cuarta parte de los ingresos en transporte. Esto ha motivado un cambio de paradigma basado en un cambio de prioridades tendientes a recuperar el tejido urbano abandonado y construir la propuesta de ciudades verdes bajas en carbono, basadas en un uso del suelo complejo, estilos de vida verdes, amplias opciones de ocio y rediseño del espacio público.

La versión costarricense de la ciudad compacta es la Centralidad Densa Integral o CDI, que basa su particularidad local en el análisis de los usos, servicios y equipamientos públicos colectivos que se identifican como básicos en Costa Rica, así como en la relación de rangos de alcance peatonal de las ciudades de la Gran Área Metropolitana. Este modelo fue incorporado a través del Plan GAM 2013-2030 como un proyecto del Plan Nacional de Desarrollo de la administración Solís y también en el Plan Nacional de Energía 2015-2035 en el punto 6.1. Identificado como "Mejorar la movilidad y reducir la necesidad de desplazamiento" "Promover la Creación de Centralidades Densas e Integrales para reducir la necesidad de desplazamiento"

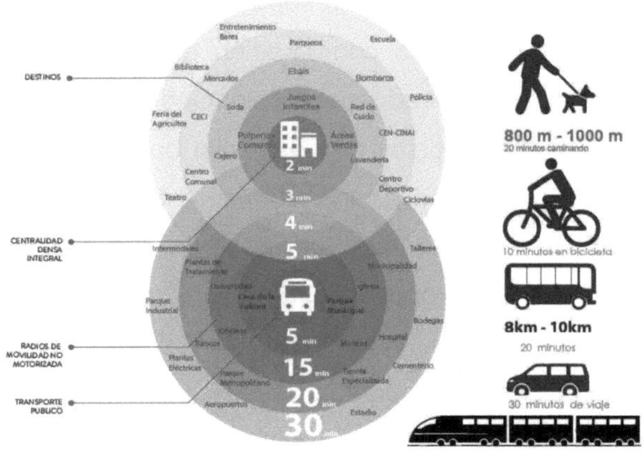

Centralidad Densa Integral. Fuente: Plan GAM 2013-2030 TEC

El rediseño de la ciudad implica ahorro de recursos y economía a la ciudad. Es un buen negocio convertir a la ciudad en un lugar en donde la gente quiera vivir. Aunque es posible construir nuevos barrios o extensiones urbanas sustentables lo más importante es recomponer el tejido de la ciudad, insertar vida y uso habitacional. Actualizar y adaptar a las nuevas tecnologías el tejido urbano.

La oferta inmobiliaria se acerca a los distritos centrales de San José: Barrio Luján, Escalante, Sabanilla, Matarredonda, San Sebastian, pero aún no hay una oferta de alta densidad para la clase media o para jóvenes profesionales. Hay dos grandes focos o grupos meta para abordar esta problemática: los mileniums quienes están más abiertos a adoptar nuevos patrones de vida urbanos y que en Costa Rica representan la franja más amplia de población, es decir un “bono demográfico” de 15 a 35 años y los trabajadores de áreas urbanas centrales que viajan 2 horas o más al día para desplazarse a sus trabajos.

El urbanista Richard Florida plantea que el fomento de las artes, la tolerancia a estilos de vida alternativos y un centro urbano divertido en el que se desarrollan actividades variadas son la mezcla de factores que hacen que más personas se decidan a vivir y visitar los núcleos urbanos.

Para poder identificar cuáles son esos intereses en la ciudad la planificación urbana se ha evolucionado del desarrollo de proyectos Top-down ('de arriba a abajo') al modelo bottom-up ('de abajo a arriba'). En la planificación top-down, los valores y definiciones del plan se distribuyen desde los elementos de planificación más altos a los más bajos. En el sentido contrario se da una planificación participativa en donde las comunidades definen las necesidades y sus proyectos.

Según el urbanista Edward Glaesser el análisis de múltiples casos de prosperidad urbana guarda un rasgo común: "para prosperar hay que atraer a personas inteligentes y crear el ambiente para que colaboren unas con otras"

Uno de los grandes riesgos a prever como urbanistas es el de la Gentrificación, entendida como: el proceso de transformación urbana que consiste en el mejoramiento de un barrio tras la apropiación de una población con mayores recursos económicos y el desplazamiento de grupos de población expulsados por el alza en el precio de la vivienda. Este fenómeno puede ser controlado a través de lo que se conoce como "gentrificación controlada" que implica la tracción de nuevos habitantes como un herramienta para dinamizar el sector y mejorar las condiciones de los habitantes actuales. De pasar a verse como un efecto secundario debería verse como un esfuerzo incluyente. Recursos como subsidios cruzados ha sido una herramienta utilizada en casos exitosos de recuperación urbana.

De esta forma volver la mirada, la investigación y volcar los recursos creativos a los barrios tradicionales del centro representa un requerimiento urgente para un urbanismo sostenible que reduzca la demanda de nuevo suelo. Es una acción compleja que requiere una posición concertada de los diversos actores e implica una visión de mediano y largo plazo. Investigar nuevas soluciones es un desafío para la academia y un elemento de contribución sustancial.

La GAM ha venido sufriendo un proceso de metropolización y conurbación en los últimos 30 años que se ha manifestado en un crecimiento horizontal y expansivo con altos costos sociales, económicos, y ambientales. La reducción de competitividad y habitabilidad de los centros urbanos es un efecto objetivamente verificable. El esquema poli céntrico del Plan GAM 1982 se ha visto en riesgo por la fusión de los límites administrativos, la desagregación monofuncional de usos residenciales, industriales, comerciales e institucionales, la fragmentación urbana y social.

La propuesta urbana del Plan GAM 2013-2030 se basa en el concepto de Centralidades Densas Integrales y un esquema de poli centrismo en red. Este esquema implica la articulación de las estructuras urbanas regionales a la par de una reconversión y recuperación de las centralidades tradicionales. En este esquema la accesibilidad a usos, equipamientos y servicios es tan importante como la movilidad es una dinámica complementaria y paralela entre acciones de articulación de redes regionales con acciones en centralidades urbanas que implican Mezcla social y funcional reduciendo las barreras, las distancias y mejorando las condiciones del espacio público. Se trata de pasar del esquema "polinuclear desconcentrado" a un esquema de "centros dentro de centros" funcionando como redes. Esto implica re articular centralidades con mayor densidad y regeneración física y socia conectada por Transporte Público y conformando Núcleos de eficiencia energética y reducción de huella de carbono. Se propone ejemplificar la propuesta en casos particulares y definir una ruta de acciones concatenadas para lograr este propósito

Renovación urbana – urban renewal

Son las acciones y propuestas que buscan sustituir totalmente las construcciones y edificaciones en deterioro, abandono u obsolescencia por otras que impulsen una dinámica de recuperación para sectores completos de la ciudad, con proyectos de uso mixto que generen uso intensivo y una nueva dinámica económica.

Nuevos desarrollos en Plaza Romerberg Frankfurt conviviendo con arquitecturas históricas. Fuente: foto del autor

Regeneración urbana – urban revitalization

Es el conjunto de propuestas y acciones parciales que tienen como objetivo impulsar un proceso progresivo de recuperación, uso intenso y aprovechamiento colectivo de zonas urbanas que han caído en un proceso de deterioro, abandono y obsolescencia, mediante la inserción de proyectos y la recuperación de arquitectura y espacios en la ciudad, tomando en consideración a la población existente. Hay alternativas como los proyectos autogestionados de propietarios, incentivos fiscales de regeneración y apoyo público al mejoramiento. Foto: Frankfurt. Fuente: propia

Repoblamiento - urban infill

Proceso integral que permite revertir una dinámica de pérdida de población en los centros urbanos que deprimen el centro y restan los recursos que permitan ser sostenibles, por una dinámica de atracción de población asegurando una rica mezcla residencial, de producción e ingresos mediante políticas e incentivos que mantengan la ciudad atractiva. El proceso debe asegurar la existencia de diversa y fácilmente disponible vivienda integrada con la infraestructura urbana. La dependencia mutua entre residentes, negocios y sus instituciones cívicas y culturales es un hecho central que promueve comunidades cohesionadas.

Reutilización- Urban reutilization

Una estructura o edificación existente acondicionada con un nuevo uso

Rehabilitación- Urban redevelopment

Proceso creativo de conservación integral y elevación de nivel de las estructuras existentes hasta niveles de habitabilidad. Reacondicionamiento de una estructura vieja (edificación) subutilizada para impulsar la recuperación de un sector urbano atrayendo nuevos pobladores y residentes y por lo tanto vida nueva a la ciudad.

Estudio del potencial de reúso habitacional de un edificio en el corazón de San José en el cual podrían habitar. Fuente: Escuela de Arquitectura y Urbanismo y Oficina de Prensa del TEC

Gentrificación

Proceso de transformación urbana que consiste en el mejoramiento de un barrio tras la apropiación de una población con mayores recursos económicos y el desplazamiento de grupos de población expulsados por el alza en el precio de la vivienda

El concepto de renovación urbana lleva muchas veces acompañada a la gentrificación. El concepto de recuperación urbana o redesarrollo implica la búsqueda de soluciones a quienes son habitantes de la zona.

- Riesgo en equidad social
- Aristocratización o elitización

- Sustitución de la población , negocios tradicionales comercio de aproximación por nuevos sectores de mayores ingresos
- Comercios más rentables(franquicias , cadenas)
- Revalorización inmobiliaria
- Aumentos impuestos bienes inmueble

Las acciones y regulaciones que se plantean en la ciudad tienen un efecto y reacción y actúan como vasos comunicantes. Entonces de lo que se trata es de ir mas alá de la acción, no enfocarse solo en ella sino prever sus efectos y paliar y controlarlos. La gentrificación fue un efecto indeseable de la renovación de los años 60. Respecto a Paris Las ciudades, han sido motores de innovación desde la Atenas clásica. Lo fue Florencia en el Renacimiento y Birmingham en la Revolución Industrial. Nueva York a comienzos del siglo 20 y Es una realidad cada vez más evidente que la densidad urbana ofrece el camino más corto para lograr mejores niveles de desarrollo.

Las ciudades requieren el balance entre las excesivas limitaciones constructivas que buscan la protección patrimonial y la ausencia de control son regulaciones rigurosas con un resultado heterogéneos y confuso sin calidad arquitectónica. Por eso es una cuestión de equilibrio es importante, pues, proteger la belleza urbana, pero las ciudades no deben permanecer embalsamadas: uno de sus grandes activos es la capacidad de crecimiento y su dinamismo.

Justamente esta búsqueda de equilibrio ha llevado a París a implementar estas acciones de recuperación del acceso a la vivienda en el centro. Pero esta problemática tiende a replicarse en las ciudades que efectúan acciones de renovación urbana en sus barrios.

El escenario idónea sería una gentrificación controlada. Esta debería manejarse como una herramienta para dinamizar el sector y mejorar las condiciones de los habitantes actuales. De ser un efecto secundario debería verse como un esfuerzo incluyente Subsidios cruzados ha sido una herramienta utilizada en casos exitosos. Vincular a los propietarios como socios de los nuevos desarrollos. Diseño participativo.

Miniciudades

Desarrollos que articulan varios usos buscando complementariedad y autonomía funcional para reducir los viajes motorizados. Su definición parte de una lógica de mercado inmobiliario por lo que los usos institucionales o públicos no son contemplados. Esto en la práctica tiende a generar un beneficio a sus usuarios objetivo pero mantiene la desconexión del sistema urbano general.

Desarrollo de Avenida Escazú. El espacio público reúne los atributos ideales de una ciudad pero el mensaje al público es contradictorio con el objetivo de un espacio público básico como la calle y es el de un espacio exclusivo. Fuente: página web Avenida Escazú.

Algunas consideraciones para evitar un impacto negativo de estos pueden ser:

Hay tres dinámicas paralelas en la ciudad y si estas no se articulas los resultados pueden ser muy fragmentados y diversos. el sector privado, municipio y gobierno central.

Es necesario que se defina un modelo urbano regional y local y a partir de allí el gobierno debe dirigir el proceso y la participación privada.

Los usos mixtos son parte del concepto de compacidad urbana pero para lograr esta última la clave esta en los porcentajes. Podríamos tener un montón de usos mezclados pero lo importante es no sobrepasar 60% de vivienda ni tampoco sobrepasar los usos comerciales y asegurar los usos claves que brindan autonomía y proximidad a los usos y servicios claves. Es un estudiado y delicado balance al cual hay que agregarle espacio público, áreas verdes y transporte público con movilidad no motorizada.

La diferencia de una centralidad fuerte y real de una ficticia está en su posibilidad de acceso socialmente heterogéneo y en la presencia de usos institucionales públicos (educación, salud, recreación, otros)

Los recursos tecnológicos pueden ser un excelente complemento para acompañar la mezcla adecuada de usos con teleservicios y control inteligente de la ciudad.

Es importante tomar conciencia a la hora de planificar la ciudad que la Ciudad se va reconstruyendo permanentemente por lo general a través de edificaciones aisladas no siempre de valor arquitectónico patrimonial que van adaptándose a nuevos usos y funciones como recurso para sobrevivir a las condiciones y requerimientos del tiempo y a las nuevas circunstancias de un mundo en permanente transformación.

Podemos ver como existe un amplio espectro de intervenciones urbanas cada una con sus respectivas intervenciones, características y objetivos pero podemos contrastar que estos deben desarrollar planes específicos según cada caso y condición.

El concepto de "Renovación Urbana" hay que precisar las connotaciones del término. Este concepto se originó en Norteamérica y Europa a consecuencia de acciones urgentes para recuperar las ciudades afectadas por la segunda guerra mundial. Es así como la renovación urbana surge para recuperar en corto plazo grandes áreas urbanas. En el caso norteamericano las ciudades por sus patrones de crecimiento extensivo a raíz del modelo del automóvil fue abandonando las áreas centrales llevándolas a la obsolescencia, pero al conservar estas un gran valor estratégico y de localización se atrajo el interés del capital económico en grandes proyectos de renovación urbana que para recuperar la utilidad financiera tenían que ser de gran escala y esto produjo pasar por alto cualquier consideración de recuperación de áreas de interés sn d necesidad de demolerlas para proteger el patrimonio histórico y arquitectónico.

Es por esto que la renovación urbana implica grandes intervenciones con demoliciones totales por su alto grado de deterioro pero es aquí donde hay que presentar un mayor grado de atención al señalar que la recuperación de los centros urbanos no puede ser indiscriminada ni se puede borrar la historia por el interés de renovar. En países con recursos financieros limitados y con municipios que tienen dificultades en su ingresos no tiene sentido desechar edificaciones recuperables y sectores urbanos que pueden ser regenerados para adaptarlos a nuevos usos complementarios entre si

5. WIKI CITIES Y LA REVOLUCIÓN COLABORATIVA

LAS NUEVAS REGLAS DE LA NUEVA ECONOMÍA (Kevin Kelly)El auge vertiginoso, progresivo y creciente que en la última década ha tomado la aplicación y desarrollo de elementos informáticos y cibernéticos ha producido un verdadero revolcón en la forma de estructurar y entender las relaciones y la adaptación a las nuevas formas de la economía, dentro de una sociedad turbulenta y cambiante. Para poder sobrevivir dentro de esta nueva economía que se ha planteado necesario seguir unas nuevas reglas de juego; solo así se puede prosperar, se está adentro o se está afuera. El hecho de que la vida social en sus elementos más usuales y cotidianos se vea invadida por la informatización y sistematización, al ser esta cada vez más fácil y barata, genera un reordenamiento de las relaciones económicas y sociales. Es una economía de la información y ya no del capital. La clave actual es expandir y aumentar las conexiones y la comunicación a todas las escalas y niveles.

Dentro de estas circunstancias es muy importante seguir ciertas reglas como la búsqueda de la riqueza a través de la innovación y ya no de la optimización y cultivar esa innovación con la agilidad y difusión de la red, esto produce inevitablemente la sustitución de elementos exitosamente conocidos, pero ya superados, generándose un círculo de procesos así: encontrar-nutrir- destruir que se lleva a cabo a una velocidad impresionante. La forma misma en que se mueve ese planeta unido en red hace que entre más miembros se unan a ésta más aumente el valor para la red y para sus miembros generándose una ganancia vertiginosa y exponencial y ya no lineal como en la economía industrial, ganancia que es repartida por toda la red en un retorno creciente. Teniendo en cuenta esa ganancia exponencial al aumentar los usuarios, los costos del bit de comunicación se han reducido dramáticamente acercándose a lo gratis. En ese sentido se dan las grandes alianzas de nodos para generar nuevos y mejores servicios en la red totalmente innovadores. La abundancia de las copias incrementa el valor de los mismos superando el valor de cada copia adicional, además un producto gratis puede ser el gancho que apoye o venda otro servicio. La clave definitiva en esta nueva economía es abarcar mucha gente en esta red que no tiene centro ni límites definidos.

Los procesos de cambio son tan rápidos y diversos que es necesario un gran sentido de la adaptación al ambiente del consumidor actual, quien tenga baja adaptabilidad, como en los procesos biológicos, esta en proceso de extinción, hay que entender que ya no se está dentro de una economía industrial. La diferencia entre ésta y la economía informática es la misma que hay entre lo animado y lo inerte. Es un nuevo sistema que por sus características requiere agilidad, rapidez de decisión, innovación, osadía y un gran olfato en búsqueda de la innovación.

Fuente: ZipCars.

El desplazamiento de información y la comunicación a lo largo de todo el mundo es un signo de nuestra época que responde a una necesidad humana de extenderse en el espacio y en el desarrollo de sus alcances. Los nuevos esquemas de esta problemática no tocan únicamente a la economía sino que afectan por ejemplo también el espacio urbano como lugar de todos los conflictos e intereses sociales. Es así como se observa una tendencia en donde las casas tienden a ser un lugar de trabajo apoyado por la informática y la cibernética y las ciudades el lugar de distensión. La zonificación también deja de ser geográfica o espacial sino informática. La red nos permite tener acceso a una realidad anhelada soñada, imaginada y transmitida mundialmente.

Los procesos colaborativos son una nueva revolución de nuestros tiempos. Cuando en enero de 2001 Jimmy Wales y Larry Sanger fundaron la enciclopedia libre Wiki pedia surgió un formato que viene haciéndose cada vez más fuerte y generalizado. Wi ki pedia es una biblioteca construida a partir de los textos redactados por miles de voluntarios en todo el mundo y que dio paso a proyectos derivados de esta idea como: Wikcionario, Wikilibros, Wikiversidad, Wikiquote, Wikinoticias, Wikisource, Wikiespecies y Wikiviajes.

De igual forma años después empezaron a surgir proyectos y emprendimientos que hoy transforman la forma de prestar servicios en nuestras ciudades como es el caso de Uber, Airbenb, ZipCar y muchas otras que hoy nos hace ver a las economías colaborativas como un fenómenos imparable y que va a impactar la forma de construir, vivir y diseñar nuestras ciudades en lo que resta de este siglo. También herramientas como el Crowfoundin o Netflix y Spoty modifican los patrones de uso en los medios de comunicación masiva

Las nuevas tecnologías nos llevan al pasado a los orígenes en donde no hay intermediarios y donde se puede contratar de forma directa gracias a los espacios que brinda la tecnología que permite compartir, intercambiar o hacer trueque. De alguna forma es hacer valer nuevamente nuestros instintos primates que implican compartir, reutilizar y cooperar. Estos son valores que justamente son necesarios para un modelo sostenible de ciudad.

Taller de sensibilización ciudadana sobre la importancia de recuperar áreas urbanas consolidadas para incorporación de vivienda. Fuente: foto Daniel Jiménez.

En el ámbito de la gestión urbana hay experiencias pioneras en Curitiba en el tema de ordenamiento territorial y Porto Alegre en el presupuesto participativo como experiencias latinoamericanas que se han ido trasladando a casos más recientes como el de Medellín.

Mi opinión es que se trata de experiencias que se fundamentan en un largo proceso de maduración que inició más o menos en 1968, en el Caso de Curitiba y a finales de los 80 en Porto Alegre. Es decir son casos con màs de 20 años de trayectoria que van requiriendo ajustes hasta lograr resultados positivos. Tienen rasgos comunes. Los dos son estados vecinos del sur de Brasil Paraná y Río Grande do Sul y al igual que otros casos destacables de América como Medellín están asociados a procesos de descentralización que ha facilitado definir un norte y un modelo de ciudad como objetivo a alcanzar lo cual facilita implementar tanto políticas de ordenamiento territorial como de presupuestos participativos. También están asociados a cambios políticos en el gobierno que permiten direccionar las propuestas.

El caso de Curitiba destaca la continuidad política y administrativa de todas las administraciones de alcaldes en búsqueda de consolidar los avances, tambièn las medidas ingeniosas para vincular a la población en el exito de los proyectos y la definición de un vínculo de lo social, lo ambiental y el uso de suelo. En el caso de Porto Alegre la reforma tributaria permitió brindar recursos al municipio asociado a planes de ordenamiento que facilitan identificar las inversiones prioritarias asociadas a las necesidades más apremiantes de las comunidades.

6. NUEVAS FORMAS DE GESTIONAR LA CIUDAD

Se requieren nuevas formas de gestión de las intervenciones urbanísticas, las cuales, aunque en la práctica diferirán caso por caso y ciudad por ciudad, deben atenerse a algunos principios generales para tener éxito. Este trabajo se aboca a discutir tales principios sobre la base de un análisis de los mecanismos de coordinación de la interacción público–privada identificados en los estudios de caso a fin de facilitar su extrapolación inteligente a otros contextos, proceso que permite acortar la conformación y consolidación institucionales y la adquisición de experiencia operativa que siempre precede a los casos de recuperación urbana exitosos.

La necesidad de una actuación concertada de parte de los actores públicos y privados (incluidas las organizaciones de la sociedad civil) surge de las limitaciones que enfrenta cada uno de ellos para ejecutar independientemente acciones en áreas urbanas centrales deterioradas. Esto se logra definiendo, con amplia participación y consenso, una imagen-objetivo de largo plazo que propone una visualización y cuantificación de las transformaciones económicas, sociales y físicas previstas para el área de intervención, el denominado “proyecto urbano”.

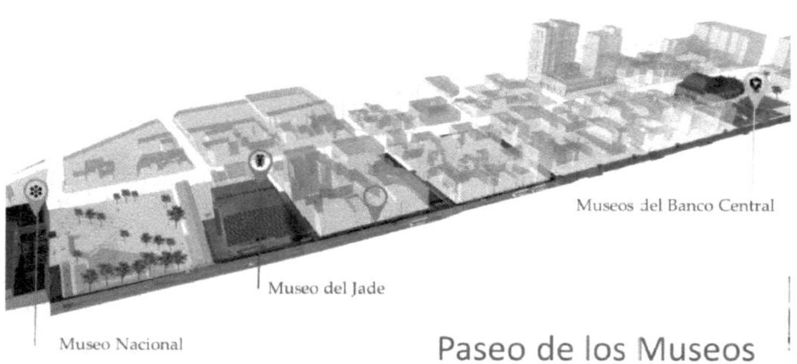

Maqueta digital del Paseo de Los Museos San José Costa Rica. Fuente: Proyecto de Fortalecimiento de la Gestión Pública Urbano Territorial TEC.

Concertar los intereses y voluntades de los actores, el proyecto urbano reduce la incertidumbre sobre el futuro del área facilitando la estructuración de operaciones inmobiliarias. El proyecto urbano a menudo se traduce en ordenanzas especiales de uso y edificación sancionadas por el gobierno local

Los cambios en el modelo urbano territorial se producirán si se orienta una clara prioridad a lo público sobre lo privado. Las ciudades que conforman la GAM, deben tender a consolidarse como centros multifuncionales más densamente poblados, reduciendo la huella ecológica y promoviendo el rescate del paisaje urbano histórico y la protección del paisaje natural y cultural que otorga identidad a la región.

La ciudad y el territorio es un bien colectivo por excelencia por lo que debe combatirse la hegemonía de grupos urbanos dominantes (inmobiliarios y transportistas) que se imponen a las necesidades y demandas de los habitantes, la apropiación de recursos públicos, la privatización de recursos escénicos y ambientales con fines de venta inmobiliaria y la ruptura de incrementos de valor de suelo por infraestructura pública sin ninguna retribución a la ciudad.

Esta situación empieza a hacerse especialmente crítica cuando se empiezan a borrar las fronteras entre las instancias reguladores (del transporte público, del ambiente, del desarrollo urbano) y las instancias reguladas como gestores de cambios o afectaciones en estas áreas. La mezcla de intereses entre jueces y partes conduce directamente a un debilitamiento de las acciones de regulación, seguimiento y control del territorio y reduce enormemente las posibilidades de efectuar correctivos estructurales enfocados a lograr un equilibrio de sostenibilidad en el territorio.

Finalmente es necesario aprender de las lecciones exitosas que se han dado en Latinoamérica: Río de Janeiro (favela barrio), Porto Alegre (Presupuestos participativos), Bogotá (Impuesto Valorización y el observatorio Bogotá como vamos?) Medellín (EDU y mejoramiento de barrios) son solo algunos ejemplos de lo que son acciones concretas con resultados concretos y medibles a lo largo de los años. Todos tienen en común otorgar prioridad a lo público, permitir acceso al poder de grupos **tradicionalmente excluidos (presupuestos** participativos o Juntas Administradoras Locales de Bogotá JAL) Utilizar el ordenamiento territorial como herramienta abierta al público en permanente revisión y transparencia y ajustar un cobro efectivo de impuestos que permita una redistribución efectiva en la ciudad para la ejecución de obra pública.

Al realizar un estudio de casos en Latinoamérica en los últimos 20 años de proyectos exitosos de renovación o regeneración urbana es evidente que todos los proyectos tienen un rasgo en común y es un desarrollo por fases en donde a través de un proceso científico y participativo se define una visión de ciudad, posteriormente se potencia o ajusta la única alternativa sostenible de financiar la ciudad que es el fortalecimiento de la base fiscal y la utilización de recursos como el impuesto de valorización para financiar las obras que la ciudad requiere, posteriormente la asociación pública privada en el desarrollo de infraestructura vial, desarrollo inmobiliario y servicios es un aspecto determinante para re direccionar las dos líneas divergentes del desarrollo a la consolidación de una visión común de ciudad procurando ganancias a quienes invierten pero consolidando el interés colectivo siendo este el objetivo central de la ordenación del territorio : procurar el interés colectivo sobre los intereses particulares.

Los poderosos instrumentos actuales como los sistemas de información geográficos y teledetección al servicio de una regulación territorial y urbanística ágil y en continuo monitoreo en realidad no debe visualizarse como una amenaza a estos grupos desarrolladores y constructores sino entenderse como una dinámica de mutuo provecho.

Componentes de una ciudad competitiva. Fuente propia

Es así como el debate debería concentrarse en cómo articular mecanismos de gestión para asociar el ordenamiento del territorio con objetivos de competitividad y desarrollo. La herramienta de planificación debería ajustar el instrumento con más acerbo de sustentación científica y de estudios que en este caso incuestionablemente es el plan PRUGAM al cual podrían hacerse los ajustes requeridos para actualizar sus resultados 3 años después de su entrega.

Un problema de fondo en los lentos niveles de crecimiento se encuentra en las deficiencias de infraestructura. Los datos sobre competitividad en América Latina arrojan resultados contundentes en este sentido para el caso de Costa Rica. Es así como el reto es encontrar un mecanismo intermedio para la gestión del territorio, la planificación y las infraestructuras que mantenga un equilibrio entre la inversión o aporte público tradicional y la completa privatización de los servicios. Lo que es importante considerar es que existen muchas opciones que permitirán sacar ventaja de las capacidades de regulación del gobierno y los incentivos de lucro del sector privado todo esto en beneficio de la ciudadanía con el objeto de ir consolidando un modelo de ciudad.

ENFOQUE ESTRATÉGICO

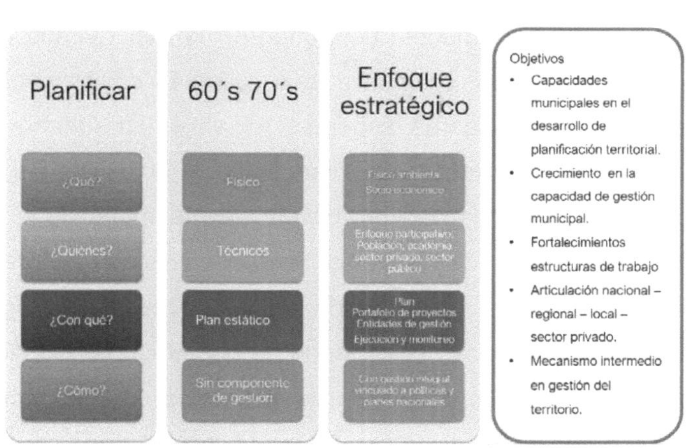

Evolución de la práctica urbanística de los años 60 a la actualidad. El cuadro permite valorar nuestra situación en Costa Rica y en la GAM. Fuente Juan I. Duarte Universidad Nacional General Sarmiento de Argentina. 2008

Las asociaciones público-privadas han sido una respuesta exitosa y de comprobadas virtudes en países de economías emergentes como Chile, Brasil, México y Colombia especialmente en Latinoamérica pero es una tendencia de enorme crecimiento en China. Lo fundamental de este esquema es asegurar el equilibrio de objetivos y la sostenibilidad del mismo.

Estas asociaciones funcionan también para el transporte público, y para la regeneración de centros urbanos. La clave es tener una visión de desarrollo común y una instancia de gestión que sea una instancia coordinadora que articule los esfuerzos de planificación tal como existe en Medellín con la EDU (Empresa de Desarrollo Urbano) en Bogotá con el IDU y Transmilenio, en Curitiba con el IPPUC o en Portland con el Portland Bureau of Planning and Sustainability o BPS

Otro ejemplo tiene que ver con Los desplazamientos en automóviles que están asociados con el modelo de ciudad en la que vivimos. Entre más grandes las conurbaciones urbanas –con sistemas de transporte público ineficientes y servicios y hogares dispersos- los viajes en automóvil son más frecuentes Sin este instrumento de planeación a la escala regional los desarrolladores inmobiliarios han promovido –de la mano de un inusitado boom de los créditos hipotecarios y las ferias de vivienda sin restricción de localización- la expansión desordenada de las ciudades. De igual forma puede señalarse las políticas de vivienda de gobierno que siguen teniendo un enfoque cuantitativo y asilado sin esfuerzos productivos en la recuperación de oferta en los centros urbanos consolidados.

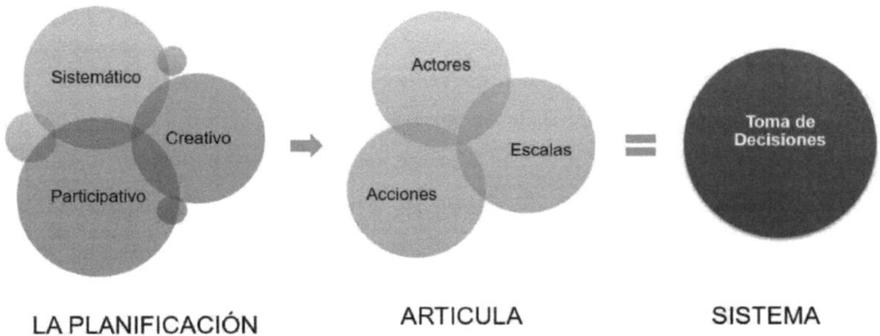

Articulación de planificación participativa y multinivel. Fuente propia.

Como conclusión inversión inmobiliaria, transporte público e infraestructura vial son tres ejes determinantes de la política de ordenación del territorio y requiere para su implementación un proceso de consulta y monitoreo técnico permanente y una gerencia pública privada permanente y equilibrada que asegure el paso de la planificación teórica y cerrada ya ampliamente superada en América Latina a la planificación para la gestión y el direccionamiento eficaz del territorio.

Se podrìa aplicar mucho de ambos casos siempre y cuando se logren tres procesos: 1. continuidad y consistencia en la planificación urbana territorial lo cual implica algùn avance aunque sea mínimo dese el Gobirno Central (el cual no se ha dado y quizàs hay más bien un retroceso) asociado a un fortalecimiento de la gestión municipal (que tampoco se ha logrado) 2. Descentralización y fortalecimiento municipal y 3. Continuidad y consitencia a lo largo de varias administraciones en los abjetivos de interés colectivo sobre los intereses particulares.

Hay tres dinámicas paralelas en la ciudad y si estas no se articulas los resultados pueden ser muy fragmentados y diversos. el sector privado, municipio y gobierno central.

2. Es necesario que se defina un modelo urbano regional y local y a partir de allí el gobierno debe dirigir el proceso y la participación privada.

3. Los usos mixtos son parte del concepto de compacidad urbana pero para lograr esta última la clave esta en los porcentajes. Podríamos tener un montón de usos mezclados pero lo importante es no sobrepasar 60% de vivienda ni tampoco sobrepasar los usos comerciales y asegurar los usos claves que brindan autonomía y proximidad a los usos y servicios claves. Como pueden ver es un estudiado y delicado balance al cual hay que agregarle espacio público, áreas verdes y transporte público

con movilidad no motorizada.

4. La diferencia de una centralidad fuerte y real de una ficticia está en su posibilidad de acceso socialmente heterogéneo y en la presencia de usos institucionales públicos (educación, salud, recreación, otros)
5. Los recursos tecnológicos pueden ser un excelente complemento para acompañar la mezcla adecuada de usos con teleservicios y control inteligente de la ciudad.

Monitoreo y seguimiento de la ciudad.

La GAM ha venido sufriendo un proceso de metropolización y conurbación en los últimos 30 años que se ha manifestado en un crecimiento horizontal y expansivo con altos costos sociales, económicos, y ambientales. La reducción de competitividad y habitabilidad de los centros urbanos es un efecto objetivamente verificable. El esquema poli céntrico del Plan GAM 1982 se ha visto en riesgo por la fusión de los límites administrativos, la desagregación monofuncional de usos residenciales, industriales, comerciales e institucionales, la fragmentación urbana y social. La propuesta urbana del Plan GAM 2013-2030 se basa en el concepto de Centralidades Densas Integrales y un esquema de poli centrismo en red. Este esquema implica la articulación de las estructuras urbanas regionales a la par de una reconversión y recuperación de las centralidades tradicionales. En este esquema la accesibilidad a usos, equipamientos y servicios es tan importante como la movilidad es una dinámica complementaria y paralela entre acciones de articulación de redes regionales con acciones en centralidades urbanas que implican Mezcla social y funcional reduciendo las barreras, las distancias y mejorando las condiciones del espacio público. Se trata de pasar del esquema “polinuclear desconcentrado” a un esquema de “centros dentro de centros" funcionando como redes. Esto implica re articular centralidades con mayor densidad y regeneración física y socia conectada por Transporte Público y conformando Núcleos de eficiencia energética y reducción de huella de carbono.

Para que esta trasformación sea efectiva se requiere su medición y para esto el Tec diseño una Esta es una tarea que ya se ha venido realizando en el Cantón de Alvarado y que se puede replicar en el resto de los municipios. Entre las actividades claves de este proceso se proponen las siguientes:

- Actualizar la matriz de indicadores desarrolla previamente en el proyecto Herramienta de Monitoreo del Plan GAM 2013-2030, desarrollada por el ITCR entre el 2015-2016.
- Colaborar con los Municipios y los desarrolladores que ellos definan para automatizar los procesos que permitan ajustar y calcular los indicadores.
- Diagnosticar la condición de los cantones sobre la disponibilidad de información geográfica relacionada con el ordenamiento territorial.
- Proponer las metodologías para la generación de la información geográfica que permita calcular los indicadores de ordenamiento territorial.
- Crear un repositorio de información para el cálculo de los indicadores.
- Capacitar a los funcionarios municipales encargados de actualizar la información.

Modelo de prueba del software de monitoreo territorial: Fuente: Proyecto de Monitoreo del Plan GAM TEC.

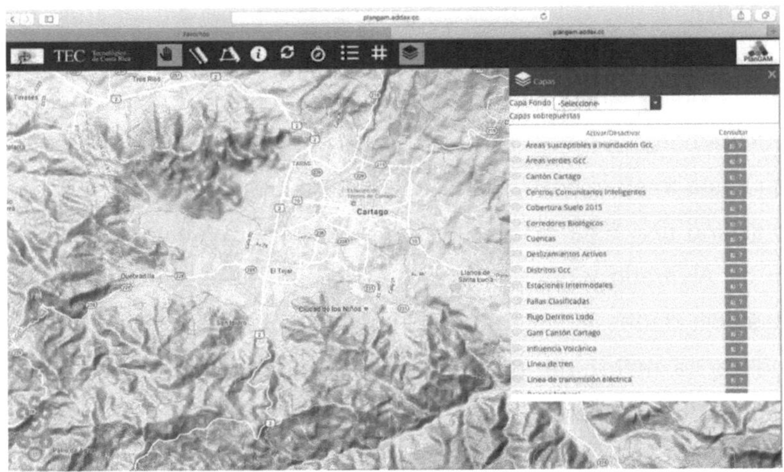

http://plangam.addax.cc / Versión beta Cartago

Nuevos proyectos evitando la gentrificación

En el momento de incluir nuevos proyectos habitacionales o desarrollar renovación de la ciudad la gentrificación es una dinámica típica-mente urbana propia del mercado de suelos en donde los lotes y el terreno cobran valor de acuerdo a su potencial de uso y esto genera estos desplazamientos sociales o "gentrification" del espacio. Es todo un conflicto ético no resuelto.

El plan de la Gran Área Metropolitana de Costa Rica el Plan GAM 2013-2030 notó estos fenómenos y tomo en consecuencia varias acciones:

1. Considerando que las tasas demográficas decrecieron y los terrenos disponibles dentro del Anillo de Contención aún son suficientes, sin contar la regeneración y renovación urbana entonces se mantuvo el anillo de contención tal cual. Este solo puede ser modificado por el

Plan Regulador siempre y cuando compruebe agotamiento de suelos, presión demográfica suficiente y suelos con fragilidad moderada apta para su ampliación. Esto solo puede hacerse en el marco de la elaboración o actualización del plan regulador. Artículo 35.—Procedimiento para la modificación del anillo de contención urbano Ficha UR-1

2. Estableció una macrozona adicional que no existía en el GAM 82 que es la Macrozona de uso agroproductivo en donde el desarrollo urbano no es permitido y tiene como fin proteger la frontera agrícola y la producción de pequeña escala. Artículo 23.—Macro zonas Regionales del GAM

3. Sugiere el uso de terrenos públicos en área centrales destinados a desarrollo de vivienda socialmente heterogénea en población de la zona, para mantener el carácter residencial.

Artículo 26.—Centralidades Densas Integrales. El mecanismo práctico para la implementación del modelo urbano territorial regional se denomina Centralidad Densa Integral, en adelante CDI.

La CDI se define como la unidad territorial en la cual se promueve la reconstrucción y fortalecimiento de núcleos urbanos con densidades proporcionales a su capacidad de soporte ambiental, según su fragilidad ambiental, su infraestructura, redes y equipamiento social, con el fin principal de incorporar los usos, servicios y equipamientos sociales de requerimiento básico para la población, a fin de revitalizar física y socialmente zonas urbanas conurbadas y mejorar la calidad de vida.

4. Aporta un mapa de zonas prioritarias de densificación en función de accesibilidad y capacidad vial, transporte público, tratamiento de desechos líquidos. mapa DUR 5.1.1.6.

5. Asegura la participación de residentes en la propuestas de renovación Urbana.

Artículo 47.—Proceso de aprobación.

Los Planes Especiales de Renovación Urbana serán aprobados conforme a la Ley de Planificación Urbana N° 4240 de 1968 y serán objeto de una participación efectiva de los munícipes de conformidad con los mecanismos de participación ciudadana establecidos por el ordenamiento jurídico.

Estas medidas son de carácter regional. Sin embargo el municipio tiene en sus manos herramientas que podría utilizar para una mejor distribución del suelo. Esto tomando como principio la función social de la renovación urbana por ejemplo

Usualmente lo que ocurre es que las mayores oportunidades inmobiliarias están no donde los precios del suelo son mayores sino donde existe la mayor tasa de crecimiento potencial. Así los sectores gentrificables pueden pasar de ser las zonas con los precios de suelo más bajos a ser las más cotizadas aumentando los beneficios al desarrollador.

Pero el Plan Regulador de cada municipio podría incluir:

1. Dentro de los usos compatibles y conformes de las zonas proteger aquellos usos como la residencia en buen estado con aprovechamiento vigente de propietarios de la zona.

2. Desarrollar un reglamento de Renovación urbana y aquí la figura de plan parcial en la cual se incorpore herramientas como la vinculación o protección de porcentajes establecidos de población residente.

3. El Plan parcial es una herramienta que gestiona suelos urbanos con propósitos de renovación y desarrollo pero que debe asegurar contribuir al mejoramiento de la calidad de vida y otros aspectos sociales de quienes son poseedores, propietarios o tenedores de los suelos de tiempo atrás, con la inclusión de las comunidades afectadas por estos procesos. Una de las medidas es incluir a la población local en los procesos de diseño y reconocer su derecho legítimo de participación en el proceso.

3. involucrar en calidad de inversionistas aportando activos, (terrenos o derechos posesorios) a los propietarios o poseedores. Esto permite a los desarrolladores tener utilidades por reducir los costos de adquisición y a los propietarios mantenerse en el lugar con una vivienda o local comercial en mejores condiciones y valorización de las que tenía. Estos recursos pueden ser administrados por una fiduciaria que redistribuye equitativamente de acuerdo a los activos suministrados. Esto aporta seguridad a residentes y promotores. Esto evita la compra de predios y garantiza que los propietarios sigan en la zona. Esto funciona muy bien en Colombia.

Un tema aparte son los mapas de zonas homogéneas de los municipios que deberían incluir excepciones a casos calificados.

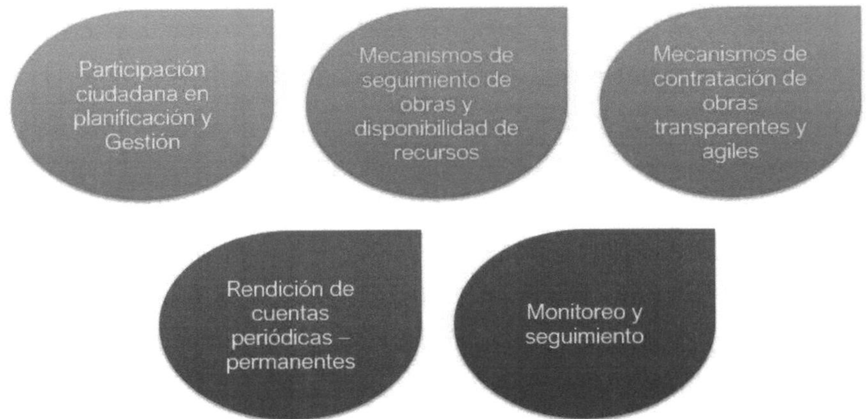

Fuente : propia

El esquema en la parte superior muestra los componentes a considerar en el momento de desarrollar proyectos arquitectónicos de escala urbana y que al ser considerados pueden contribuir a un circulo virtuoso de desarrollo urbano.

La gestión del proyecto urbano desde la gobernanza multinivel es una estrategia importante para articular las escalas y actores necesarios para desarrollar un proyecto exitoso y sostenible.

A pesar de contar con nuevos planes en Costa Rica se ha carecido de la debida incidencia desde el Gobierno Central y de la adecuada coordinación con los municipios para implementarlos en los planes reguladores y efectuar la ejecución de proyectos alineados a sus objetivos.

Esta circunstancia presenta la dicotomía entre las necesidades dinámicas del territorio que demanda acciones y un proceso de planificación a nivel local ineficiente. Por esta razón el desarrollo de proyectos específicos ayuda a vincular los ámbitos y a ir avanzando en una ejecución pragmática de los objetivos del plan. La metodología de gobernanza multinivel que implica coordinar proyectos en distintos niveles de gobierno para aplicarlos de manera más ágil y efectiva sin segmentar los procesos de comunicación y coordinación.

"Es más efectivo aplicar políticas, acometer acciones y desarrollar estrategias cuando se trabaja coordinadamente. La gobernanza multinivel significa trabajar juntos en distintos niveles de gobierno para aplicar las políticas de forma más efectiva." Fuente: Guía para la Gobernanza Multinivel. Coopenhague Unión Europea.

7. BIBLIOGRAFÍA

AUGÉ, Marc. Los No Lugares. Espacios del Anonimato. Una antropología de la sobremodernidad. Editorial Gedisa, Barcelona 1992.

CALABRESE Omar (1989). La Era Neobarroca. Madrid, Edit. Cátedra,

CASTELLS Manuel (1996). La Ciudad Informacional. Edit. Alianza, Madrid.

HALL, Peter. (1996) Ciudades del Mañana. Ediciones del Serbal. Barcelona, 1996.

FOLCH Ramón. El Territorio Como Sistema. Red de Barcelona de Municipios de Calidad.

PRUGAM. Plan Regional Urbano de la Gran Área Metropolitana 2008-2030. www.prugam.go.cr

ROJAS Eduardo Volver al Centro. La Recuperación de las Áreas Urbanas Centrales. Washington BID 2004

Kelly, Kevin. (2001)Nuevas reglas para la nueva economía. Ediciones Granica.

KOOLHAS Rem, (1997) The Terrifying Beauty of the XXth Century. G.G. Barcelona 1997.

Lynch Kevin. (1998) La Imagen de la Ciudad. Edit. G. Gilli. Barcelona..

MARTÍNEZ BALDARES Tomás. Nuevas Tendencias en Nuevas Polis. Editorial Tecnológica. Cartago. 2009

MARTÍNEZ BALDARES. Tomás (2000). San José: Las Ciudades de la Metrópolis. Seis Formas de Imagen Urbana desde la Estética del Frangmento. Tesis de Maestría Académica en Diseño Urbano. Universidad de Costa Rica.

MINAE. Plan Nacional de Energía 2015-2035. San José PNUD 2016

MITCHELL, William J. City of bits. Space, place and the infobahn. Cambridge, MA: The MIT Press, 1995.

MITCHELL, William J. E-topia: Urban life, Jim–but not as we know it. Cambridge, MA: The MIT Press, 1999.

GLAESSER Edward. El Triunfo de las Ciudades. Editorial Taurus. Madrid 2011.

FLORIDA Richard. Las ciudades creativas. Por qué donde vives puede ser la decisión más importante de tu vida.Paidós, Barcelona 2012

BARROW Jhonathan. Redesigning cities.

GARVIN Alexander. American Citie. What work, what doesnt.

MUNIZAGA Gustavo. Macroarquitectura. Tipología y Estrategias de Desarrollo Urbano.Alfaomega. México 2000.

ORMSBEE Simonds John. Garden Cities 21. creating a livable urban Environmet. Mac Graw Hill. 1995

POLESE Mario. Economía Urbana. Ed. Instituto Tecnológico de Costa Rica.

ROGERS Richard (2000), Ciudades para un pequeño planeta, edit G.G. Barcelona.

ROWE Colin. (1982) Ciudad Collage, Edit. Gustavo Gili, Barcelona..

Samper Germán (1997). Recinto Urbano. La Humanización de la Ciudad. Edit. Escala. Bogotá,.

SANDERCOCK, Leoni. (1998) Towards Cosmopolis, Planning for Multicultural cities. 1998

SAMPER Germán. Recinto Urbano. Humanización de la Ciudad. Edit Escala, Bogotá 1997

TORRES, Viviescas, Pérez (compiladores). La Ciudad Hábitat de diversidad y complejidad. Edit universidad Nacional de Colombia. Bogotá 2000.

Printed by Books on Demand GmbH, Norderstedt / Germany